LAS PLACAS TECTÓNICAS
y los desastres

By Tom Greve

Rourke
Educational Media

rourkeeducationalmedia.com

www.rourkeeducationalmedia.com

PHOTO CREDITS:
Front Cover: © Michael Utech; Table of contents © Wojciech Jarosz; Page 4-5 © youding xie; Page 6 © Victor Zastol`skiy; Page 7 © The Power of Forever Photography, Linda Bair; Page 8 © Pzaxe; Page 10 © Baris Simsek; Page 11 © Tilmann von Au; Page 12 © Tomi Tenetz; Page 13 © Michal Bryc, Frank Ramspott, Craig Stocks; Page 14 © montiannoowong, Frenta; Page 15 © grimgram; Page 16 © Mopic, visdia; Page 17 © Ammit, Shutterbas, Stephan Hoerold, Justin Reznick, Josef Friedhuber; Page 18 © yoshiyayo; Page 19 © chuong vu; Page 21 © Creativeye99, Princeton University Archives; Page 22 © Michelle Gibson, Arsgera; Page 23 © Jonathan Barton, Petr Podrouzek; Page 24 © Daulon; Page 25 © Spirinaelena, Jan Rysavy; Page 26 © Andreus, Steven Prorak; Page 27 © crossroadscreative, Josef Friedhuber , Vampy1; Page 28 © John_ Woodcock, Claudia Dewald; Page 29 © Robert Paul Van Beets, NASA; Page 30 © Floriano Rescigno, Martin Lladó; Page 31 © Nataliya Hora, jamesbenet; Page 32 © Rudvi; Page 33 © National Archives and Records Administration, Library of Congress; Page 35 © Jeremy Mayes, Wisconsinart; Page 36 © U.S. federal government, Banol2007; Page 37 © Hunor Focze; Page 38 © United States Geological Survey; Page 39 © U.S. National Oceanic and Atmospheric Administration, Arindam Banerjee; Page 40 © U.S. National Oceanic and Atmospheric Administration, kickers; Page 41 © United States Government, University of California; Page 42 © Ron and Patty Thomas Photography; Page 43 © U.S. Department of the Interior, Creative Commons, Johanfo at en.wikipedia; Page 44-45 © Dusan Todorovic;

Edited by Precious McKenzie

Cover design & interior layout by Cory Davis
Editorial/Production Services in Spanish
by Cambridge BrickHouse, Inc.
www.cambridgebh.com

Greve, Tom
Las placas tectónicas y los desastres / Tom Greve
(Exploremos la ciencia)
ISBN 978-1-63155-088-1 (hard cover - Spanish)
ISBN 978-1-62717-312-4 (soft cover - Spanish)
ISBN 978-1-62717-513-5 (e-Book - Spanish)
ISBN 978-1-61810-255-3 (soft cover-English)
Library of Congress Control Number: 2014941432

Rourke Educational Media
Printed in the United States of America,
North Mankato, Minnesota

Rourke
Educational Media
rourkeeducationalmedia.com
customerservice@rourkeeducationalmedia.com • PO Box 643328 Vero Beach, Florida 32964

CONTENIDO

CAPÍTULO UNO

COMPRENDER SOBRE QUÉ ESTAMOS PARADOS

¿Cuál es la naturaleza del suelo bajo tus pies? En muchos sentidos, la respuesta depende de dónde una persona está parada. La tierra bajo los pies puede ser dura y rocosa. Podría estar cubierta por pastos suaves. En las zonas urbanas puede estar cubiertas por cemento. Pero la mayoría de la gente da el suelo por sentado. Suponemos que el suelo está firme bajo nuestros pies para soportarnos a nosotros, a nuestras casas y a nuestras ciudades.

La tierra firme no siempre se debe considerar como algo terminado. Es capaz de moverse o cambiar de forma. Estos movimientos son generalmente muy lentos y pueden inclusive no ser detectados. Otras veces, como en el caso de un **terremoto**, el movimiento es repentino, violento y catastrófico.

Los terremotos son a veces mortales, peligrosos y destructivos. Son el resultado de poderosas fuerzas que trabajan dentro de la Tierra y pueden hacerla moverse, agitarse o incluso romperse.

Los seres humanos se han preguntado sobre los misterios de los movimientos de la Tierra desde los albores de la historia. Después de todo, los terremotos han ocurrido y los volcanes han erupcionado mucho antes de que los seres humanos existieran. ¿Qué mueve o agita el suelo? ¿Qué hace a una montaña explotar furiosamente?

La comprensión científica y las teorías relativas a las fuerzas que provocan los terremotos y las erupciones volcánicas han crecido enormemente en los últimos 100 años.

La geología y la **paleontología**, o el estudio científico de las rocas de la Tierra y de los restos fósiles de plantas y animales, han ayudado a los científicos a formular otras teorías sobre la naturaleza de la Tierra y sus movimientos. La teoría científica imperante sobre lo que hace moverse o cambiar de forma a la Tierra, los continentes, e incluso el suelo del océano, es conocida como la teoría de las placas tectónicas.

Los sitios de excavación de fósiles como el monumento nacional Fossil Butte han ayudado a los científicos a elaborar teorías sobre por qué fósiles similares han sido encontrados en climas y continentes distintos. Esto puede verse como evidencia del movimiento continental en el tiempo.

PERSPECTIVA DE PLACAS

Las placas tectónicas se refieren a las placas geológicas, o grandes losas rígidas de la roca. Tectónica proviene de la palabra griega que significa "construir". El término placa tectónica se refiere al estudio científico de cómo la superficie externa de la Tierra está siendo constantemente construida y reconstruida por una serie de placas que se mueven lentamente.

Como teoría científica, las placas tectónicas se basan en teorías anteriores demostradas por hechos científicos. Los científicos prueban nuevas teorías en un esfuerzo continuo por incrementar conocimiento científico colectivo.

Hasta principios de siglo XX, gran parte del estudio de la superficie física de la Tierra asumía que los continentes del planeta estaban **estacionarios**. Pero una característica del mapa continental moderno de la Tierra hizo que algunos científicos revisaran esta teoría.

Las costas opuestas de África y América del Sur casi parecen piezas que encajan en un rompecabezas. Esto condujo a algunos científicos a preguntarse, ya desde finales del siglo XVI, si los dos pudieron haberse separado uno del otro debido a una serie de inundaciones o terremotos catastróficos.

PIONERO DE LAS PLACAS TECTÓNICAS

En 1912, el científico alemán Alfred Wegener planteó la teoría de la deriva continental. Su teoría se basó en evidencias fósiles que demostraron la existencia de plantas y animales similares en continentes separados y en diferentes climas. Como no podían haber cruzado el océano y seguir existiendo, Wegener razonó que los continentes habían estado juntos alguna vez. Teorizó que durante millones de años los continentes se habían movido hasta sus ubicaciones actuales.

Wegener no pudo identificar las fuerzas que causaban este movimiento y su teoría fue ignorada durante su vida. Después de su muerte, la teoría de la deriva continental desencadenó los descubrimientos científicos que condujeron a la comprensión actual de las placas tectónicas.

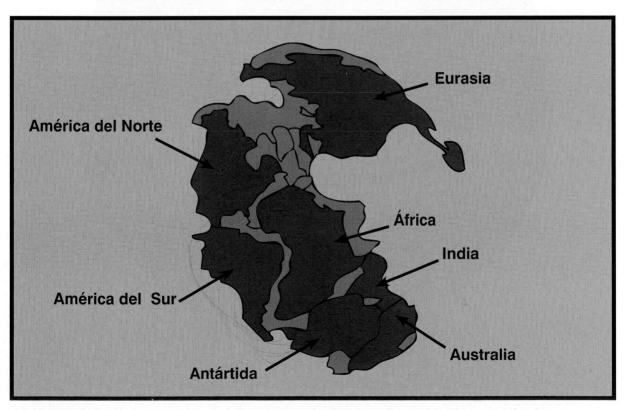

La Teoría de la deriva continental de Wegener incluía su afirmación de que todos los continentes actuales estuvieron unidos una vez en una masa de tierra única que el llamó Pangea, lo que significa "tierra de todos".

La teoría de las placas tectónicas proporciona una explicación científica del movimiento de la corteza terrestre desde la deriva gradual a la ruptura **cataclísmica**. También se explica el papel espectacular de los volcanes. Es una teoría basada en ideas científicas probadas sobre la estructura física del interior de la Tierra y la naturaleza **dinámica** de su corteza, incluyendo los continentes, las cordilleras y el fondo de los océanos.

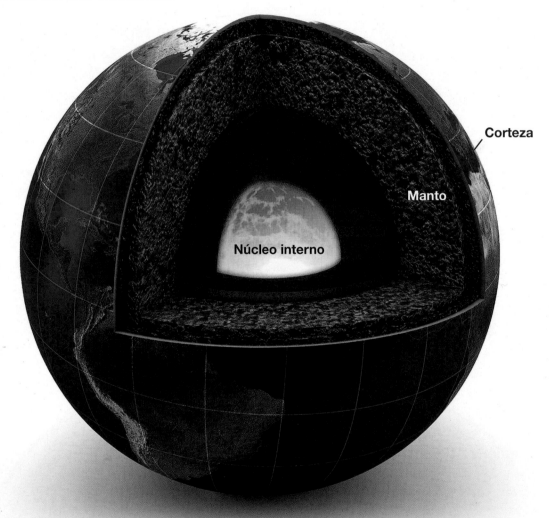

En lo profundo de la Tierra, hay un núcleo interno magnetizado de metales pesados. Alrededor del núcleo hay un núcleo exterior de metal líquido sobrecalentado. Más lejos del centro, la Tierra tiene una gruesa capa de roca llamada manto. La capa de roca más externa de la Tierra, llamada corteza, rodea el manto. Es la parte superior de la corteza del planeta, es la superficie real, conocida como el terreno sobre el que caminamos.

La teoría de placas tectónicas se basa en la idea de que las fuerzas en lo profundo de Tierra pueden causar que las enormes placas que forman la corteza terrestre se muevan, amplíen, choquen y se superpongan. Las fuerzas mayores son el inmenso calor y la presión. La roca sobrecalentada, presurizada puede elevarse o fluir a través de las secciones de Tierra. Finalmente, esta roca caliente puede emerger a la superficie.

Las placas que forman la corteza terrestre se mueven en la superficie sobrecalentada interior líquida del planeta. A veces, las corrientes de roca fundida emergen a la superficie desde lo profundo de la Tierra en forma de un volcán en erupción.

CAPÍTULO DOS

DEL NÚCLEO A LA CORTEZA: FISURAS EN LA CORTEZA TERRESTRE

La corteza de la Tierra sirve como una capa de la piel del planeta. Comparado con el núcleo y el manto del planeta, es superficial y frágil, como la cáscara de un huevo duro agrietada.

Se deben construir estructuras que resistan los movimientos de la Tierra.

Las líneas a lo largo de las cuales dos placas se juntan se conocen como límites de placas. La mayoría de las fronteras de las placas de la Tierra se encuentran en el océano. Las pocas que existen en tierra firme han demostrado su utilidad para los estudios científicos. Los científicos supervisan la profundidad y fuerza de los movimientos. Esta es la ciencia de la **sismología**. Los sismólogos ven la superficie de la Tierra como placas divididas por fronteras de placas en lugar de continentes divididos por océanos.

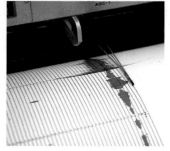
Sismógrafo

Falla de San Andrés

El límite de placas más notorio de la Tierra es la falla de San Andrés, en California. Esta corre a lo largo de un tramo entre la placa del Pacífico y la placa Norteamericana. Los sismólogos de la Agencia Geológica de Estados Unidos (U.S.G.S.) supervisan constantemente esta falla por su actividad sísmica.

El grosor de las placas de la corteza varía. Están entre 15 y 40 millas (25 y 65 km) de espesor en la tierra firme de los continentes, pero solo tienen aproximadamente 5 millas (8 km) de espesor debajo de los océanos.

Si una parte del interior del planeta se pudiera extraer, mostraría capas múltiples desde el núcleo hasta la corteza.

Como la corteza de la Tierra es más delgada bajo el océano, y como los océanos cubren más del 70 % de la superficie de la Tierra, la mayor parte de las zonas sísmicas activas del planeta están debajo del océano.

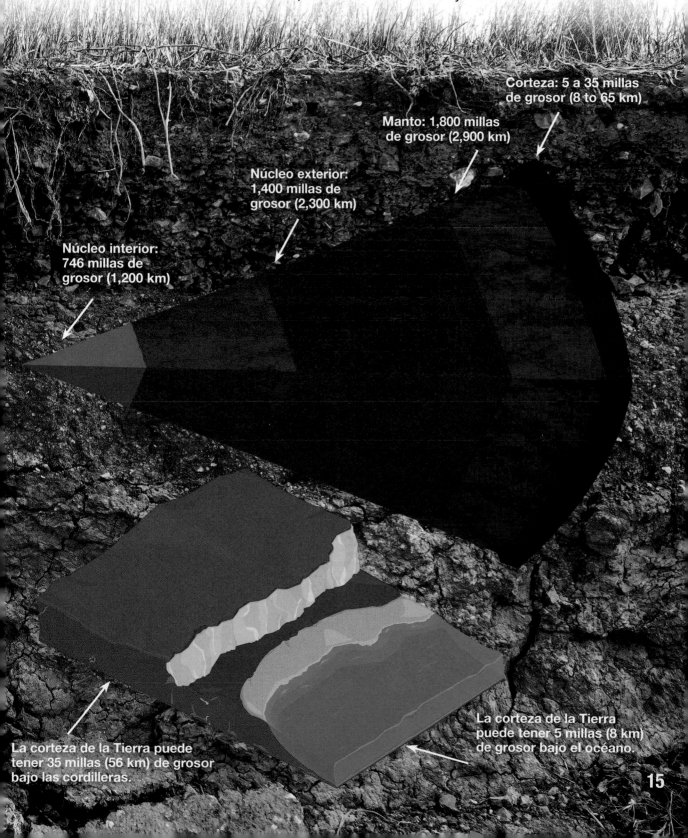

Corteza: 5 a 35 millas de grosor (8 to 65 km)

Manto: 1,800 millas de grosor (2,900 km)

Núcleo exterior: 1,400 millas de grosor (2,300 km)

Núcleo interior: 746 millas de grosor (1,200 km)

La corteza de la Tierra puede tener 35 millas (56 km) de grosor bajo las cordilleras.

La corteza de la Tierra puede tener 5 millas (8 km) de grosor bajo el océano.

El núcleo de la Tierra está muy, pero muy caliente. Es casi tan caliente como el Sol porque está a miles de kilómetros bajo tierra. Los científicos solo pueden teorizar sobre una temperatura aproximada del núcleo de la Tierra: alrededor de 9,000 a 13,000 grados Fahrenheit (5,000 y 7,000 grados centígrados). La increíble compresión impide que el núcleo interno de metal se funda. El núcleo externo, por otra parte, se compone de metal líquido a altísima temperatura. El calor fluye hacia el manto y hacia la superficie del planeta de la misma manera que el aire caliente se eleva hacia el techo de una habitación y el aire frío desciende hacia el suelo. Las corrientes de **convección** provocan que el calor intenso ascienda a través del manto.

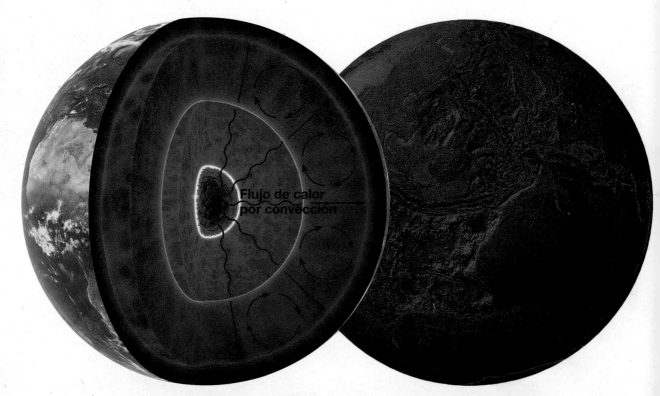

Flujo de calor por convección

Las corrientes de calor de convección constantes empujan hacia afuera las rocas derretidas del manto en la parte inferior de la corteza terrestre, donde se acumula una presión masiva.

A medida que el calor aumenta, su intensidad provoca que partes de la roca del manto fluyan cada vez más cerca de la corteza mientras la roca sólida más fría desciende. Esta roca que fluye se llama magma. Como la parte más delgada de la corteza terrestre está bajo los océanos, el magma ascendente puede llegar generalmente más cerca de la superficie de la Tierra bajo el agua que en tierra firme. Una vez que el magma encuentra un camino a través de la corteza terrestre, sale expulsado como si fuera pasta dental caliente que fluye fuera del tubo exprimido. El magma que se eleva hasta la superficie de la Tierra se llama lava.

Pocos lugares de la Tierra proporcionan un mejor indicador de lo temibles que son las fuerzas tectónicas en acción como el Monte Kilauea, en Hawai. El volcán ha estado vomitando roca líquida del interior de la Tierra continuamente desde 1983.

Las fuerzas de presión y el calor geológico intenso durante millones de años pueden crear cadenas montañosas o islas. También pueden desatar la violencia sísmica sobre la superficie de la Tierra, causando tragedias humanas como terremotos y **tsunamis**.

Japón

La potente actividad sísmica debajo del océano puede iniciar un desplazamiento masivo de agua. Esto se llama tsunami. Un terremoto bajo el océano Pacífico en marzo de 2011 envió un enorme tsunami hacia la costa este de Japón, causando numerosas muertes y una gran devastación.

Gran terremoto en el este de Japón, marzo de 2011

CAPÍTULO TRES

MAJESTUOSO: EL OCÉANO PROFUNDO, LAS ALTAS MONTAÑAS

La **expulsión** de magma a través de los límites de las placas volcánicas en el fondo marino empuja las placas de la corteza de la Tierra, en lo que se llama una dorsal centro-oceánica. También separa las dos placas. Los geólogos llaman a esta acción: expansión del fondo oceánico.

MUESTRARIO SÍSMICO

Estos son los tres tipos principales de fallas de placas tectónicas:

En las fallas **divergentes** las dos placas se separan. Esto pasa durante la expansión oceánica.

Las fallas **convergentes** pasan cuando dos placas colisionan o se empujan.

En las fallas **transformantes** dos placas se deslizan una contra el borde de la otra.

La expansión del fondo oceánico hace que dos placas se separen a lo largo del límite de placas en el fondo del mar. Cuando el magma sale a través de la **grieta**, se enfría y forma parte de la placa rocosa que se mueve despacio lejos del límite. Una divergencia a lo largo de un límite hace que las placas converjan, o se **transformen**, a lo largo de límites diferentes con otras placas vecinas en una especie de colisión en cadena de placas tectónicas.

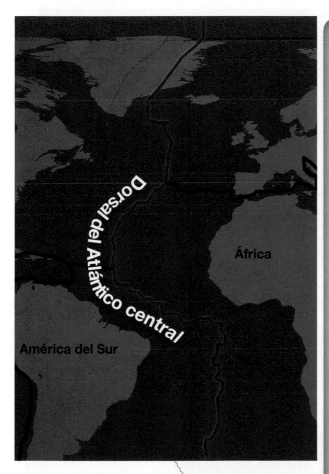

Gracias a la cartografía moderna y a la exploración, los científicos tienen pruebas definitivas de la existencia de un límite de placa masivo en forma de dorsal montañoso a lo largo del fondo del océano Atlántico. Este límite divergente es llamada dorsal Mesoatlántica, que muy lentamente separa aún más a las placas Africana y la de América del Sur.

PIONERO DE LAS PLACAS TECTÓNICAS

Harry Hess era un profesor de geología y oficial naval que capitaneó un barco estadounidense durante la Segunda Guerra Mundial. Durante la guerra, usó el radar ultrasónico de su barco para trazar un mapa del fondo del Océano Pacífico. En 1960, su teoría de la extensión del fondo oceánico planteó que las emisiones de roca fundida a través de los límites de las placas submarinas no solo habían formado una dorsal montañosa a lo largo del fondo del océano, sino que también provocaba que las placas de la Tierra se separaran a lo largo de la dorsal. Esta idea se considera el eslabón científico clave entre la teoría original de Wegener de la deriva de los continentes y la investigación científica moderna de las placas tectónicas.

Las colisiones entre las placas corticales convergentes de la Tierra son graduales. Pero con el tiempo, la presión de una placa sobre la otra puede literalmente crear y mover, montañas. Muchas de las cadenas montañosas en los continentes de la Tierra son el resultado del pandeo de una placa, o arrugamiento, bajo la presión **convergente**.

La velocidad promedio de empuje ascendente de una placa arrugada de la corteza es muy lenta. Algunos geólogos describen la formación de la montaña a un ritmo similar que el crecimiento de la uña humana.

Imagina que tiendes dos alfombras pequeñas en un piso de madera. Si las alfombras se empujan suavemente una contra la otra, la menos rígida comenzará a arrugarse. Si ambas alfombras son demasiado rígidas para arrugarse, el borde de una alfombra puede empujar hacia arriba sobre la otra hasta que se superponen o se pararán en vertical una contra la otra. Esta es la naturaleza de las placas tectónicas convergentes, excepto que los diez segundos que tomó ilustrar el ejemplo con dos alfombras, toma millones de años con dos placas de la corteza terrestre.

Placa Euroasiática

Coordillera del Himalaya

Placa India

INDIA

Como una enorme alfombra arrugada, la Cordillera del Himalaya, en Asia, es un ejemplo de fuerzas de placa tectónicas convergentes. Es el resultado de la placa India empujando la placa Euroasiática, causando que se doble o arrugue hacia arriba.

Al igual que una alfombra rígida se desliza debajo de otra cuando se empujan entre sí, las colisiones convergentes de las placas de la corteza pueden resultar en una placa superponiéndose a la otra. Este movimiento se conoce como **subducción**. A diferencia de las alfombras en un piso de madera, las placas de corteza terrestre pueden retroceder hacia abajo en el manto.

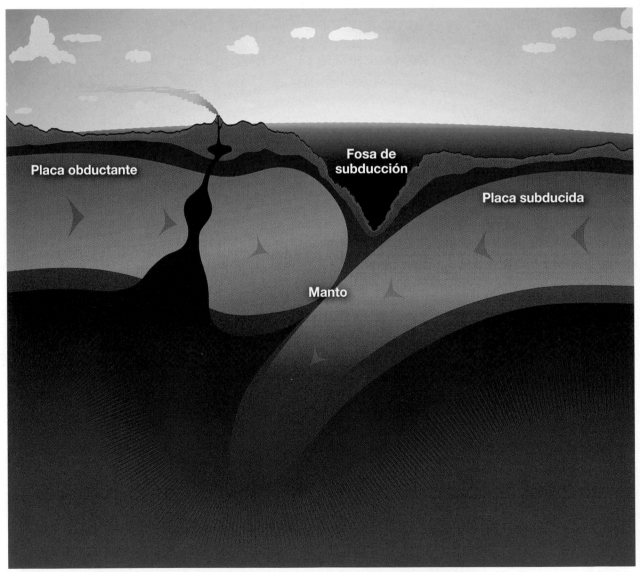

Placa obductante

Fosa de subducción

Placa subducida

Manto

Cuando el frente de una placa subducida desciende en el manto de la Tierra, el magma se eleva a menudo a través de la placa principal, formando volcanes en la superficie.

El borde delantero de la placa subducida es empujado hacia el manto caliente de la Tierra por la placa obductante. El borde delantero de la placa principal puede quedar atrapado y deformado o doblado hacia abajo por el movimiento de la placa subducida. Esta acción crea fosas oceánicas.

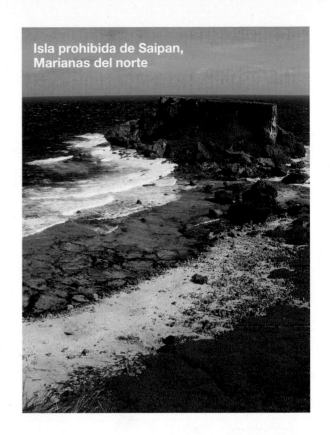
Isla prohibida de Saipan, Marianas del norte

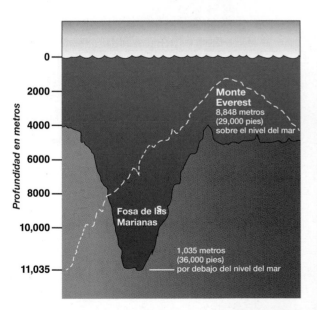

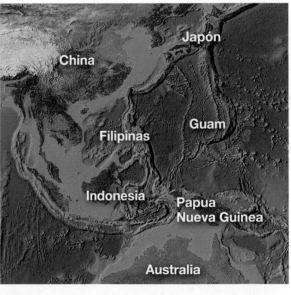

El punto más profundo conocido en la corteza terrestre es la Fosa de las Marianas en el océano Pacífico. La fosa es creada por la placa del Pacífico bajo el borde de la placa de las Marianas, que es mucho más pequeña. En el punto más profundo de la fosa el fondo marino está a más de 36,000 pies (11,000 metros) por debajo de la superficie del océano. Es tan profunda que si se pusiera el Monte Everest, la montaña más alta de la Tierra, dentro de ella, la cima de la montaña todavía estaría 7,166 pies (2,183 m) por debajo del agua.

El proceso de las placas tectónicas de subducción también desencadena lo que los geólogos llaman vulcanismo, o la creación de volcanes. Cuando el borde de una placa subducida desciende hacia el manto caliente, la interacción intensamente caliente y presurizada ocasiona que el magma comience su flujo de convección hacia la corteza. Los volcanes ofrecen conductos a la expulsión del magma y la presión, a través de la corteza terrestre.

Aunque sus orígenes exactos siguen siendo un misterio, la Torre del diablo en Wyoming ofrece evidencia de un flujo de magma antiguo que se enfrió en forma de roca y de sedimentos erosionados alrededor de él.

Volcán

Magma

Torre del diablo, Wyoming

A veces el empuje de la presión del magma a través de la corteza terrestre no ocurre necesariamente a lo largo de los límites de la placa, en cambio, empuja a través del centro de una placa oceánica. Son los llamados puntos calientes geológicos. Como la lava expulsada se refresca bajo el agua, se empieza a acumular en un gran montículo, mientras más lava sigue fluyendo desde la parte superior. Este proceso continúa hasta que se forma una montaña submarina enorme. Durante millones de años, mientras el magma fue fluyendo hacia arriba desde el manto de la Tierra, esas montañas volcánicas fueron creciendo hasta que su parte superior estuvo por encima de la superficie del océano, y crearon una isla. Así es como se formaron probablemente las islas hawaianas.

La mayor parte de los límites de placas divergentes de la Tierra están bajo el agua. Pero hay dos puntos que ofrecen muestras raras de la actividad volcánica en un límite divergente de tierra firme. En el noviembre de 2011, el volcán de Nyamuragira hizo erupción con fuerza espectacular.

Erupción del Grimsvotn en marzo de 2010, en Islandia

Islandia está siendo partida en dos lentamente. Eso es porque se asienta directamente en el límite de la placa dorsal Mesoatlántica.

Los límites de placas tectónicas convergentes y **divergentes** involucran actividad volcánica, no es este el caso de las fallas transformantes. El movimiento de la placa a lo largo de los límites de transformación consiste en una placa deslizándose junto a la otra.

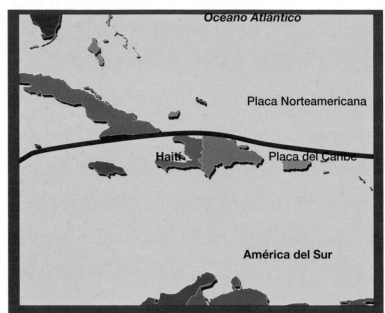

El terremoto de enero de 2010, que diezmó a la isla de Haití, ocurrió en la falla de transformación entre la placa del Caribe y la placa Norteamericana.

A pesar de la ausencia de magma presurizado desde el manto de la Tierra, los movimientos de las fallas de transformación son capaces de las más devastadoras **catástrofes** sísmicas. Los movimientos tectónicos de las placas, aunque sean divergentes, convergentes, o de transformación, a menudo se convierten en eventos mortales de proporciones históricas.

TOMA Y DA GLOBAL

El tamaño de la Tierra es constante. No crece ni se encoge debido a la expansión de las placas divergentes o subducidas. Esto se conoce como el juego de suma cero de las placas tectónicas. La acción divergente de la expansión oceánica en una parte de la corteza terrestre es generalmente igual a la acción convergente de subducción, o transformación, en otro lugar.

CAPÍTULO CUATRO

TRAGEDIAS: LOS TERREMOTOS Y EL CINTURÓN DE FUEGO

La **astronómica** fuerza resultante de la acción de las placas tectónicas es capaz de eliminar toda la vida del planeta. Vivir cerca de un límite de placas o un volcán significa vivir con la posibilidad de sufrir movimientos de tierra catastróficos. La tierra se dobla, los edificios se derrumban y las montañas explotan con violencia. Las fuerzas geológicas del interior de la Tierra pueden crear caos y muerte en la superficie del planeta. Es una realidad que ha afectado a la humanidad a lo largo de la historia.

Uno de los desastres tectónicos más violentos ocurrió en 79 d. C. El Monte Vesubio, en Italia, hizo erupción, cubriendo la ciudad de Pompeya con lava y ceniza ardiente. La fuerza de la erupción fue tan repentina que muchas víctimas fueron enterradas vivas.

¿MAGMA EN MARTE?

Las fuerzas de las placas tectónicas que interactúan dentro de la Tierra y crean los volcanes pueden estar presentes en el interior de otros planetas. Imágenes satelitales del planeta Marte muestran la presencia de una enorme montaña, mucho más alta que cualquier montaña de la Tierra. La montaña, que los científicos llaman Monte Olimpo, parece tener Calderas o cúpulas de magma enfriado derrumbadas. Los científicos creen que esto es evidencia de la actividad volcánica en Marte.

Los terremotos y las erupciones volcánicas son el resultado de la presión liberada de las placas tectónicas que puede ser vista en la superficie de la Tierra.

Muchos terremotos suceden cuando una placa móvil es atrapada o se engancha en otra placa a lo largo de un límite convergente o de transformación. Entonces se rompe y vuelve hacia su posición original de movimiento. El punto en el suelo donde las placas se liberan una de la otra. se llama epicentro del temblor.

MIDIENDO LA ACTIVIDAD SÍSMICA:

LA ESCALA DE RICHTER

Sismógrafo

Los sismólogos utilizan un aparato matemático complicado llamado escala de Richter para determinar la intensidad relativa o magnitud de los terremotos. Desarrollada en 1935 por el profesor del Instituto de tecnología de California Charles Richter, usaba lecturas de sismógrafos para determinar la energía liberada por un solo evento sísmico. La escala no juzga un terremoto por cuánto daño causa, simplemente la energía que emite.

La escala es un logaritmo de base diez, lo que significa que un terremoto de 5.0 es diez veces más poderoso que uno de 4.0. La escala comienza en 0 pero no tiene final. Los terremotos más poderosos registrados han superado 9.0 en la escala.

Las fallas de transformación como la falla de San Andrés son como dos trozos de hormigón de bordes irregulares y afilados deslizándose a lo largo de sus superficies. Cuando las irregularidades de ambos bordes de placa colisionan, esto ralentiza su progresión gradual y los puntos en que se produce la fricción producen una presión inmensa. Cuando la placa móvil se libera, toda esa presión acumulada se libera repentinamente, causando que la placa móvil, y la tierra, salten, a menudo con consecuencias destructivas.

La liberación ocasional de energía de las placas producto de la fricción y el enganche han sacudido la ciudad de San Francisco y sus alrededores muchas veces, especialmente en 1906 cuando un terremoto causó más de 3,000 muertes.

Un hidrante se mantuvo en activo en la ciudad de San Francisco tras el terremoto de 1906. Cada año se pinta de dorado como un recordatorio del papel que desempeñó para salvar la ciudad.

LA TRAGEDIA DE LA TRANSFORMACIÓN DE SAN FRANCISCO

El masivo terremoto de 1906 a lo largo de la falla de San Andrés fue solo la primera parte de lo que se convertiría en uno de los peores desastres en la historia de Estados Unidos. Su severidad derribó edificios y rompió las líneas de agua y gas de la ciudad. El gas provocó decenas de incendios que rápidamente consumieron gran parte de la ciudad en el transcurso de cuatro días y noches. El fuego mató a más personas y destruyó más edificios que el terremoto. El terremoto del 18 de abril de 1906 proyectó una luz siniestra sobre las fuerzas, hasta entonces desconocidas, que estaban en acción a lo largo de la falla de San Andrés.

Los terremotos a lo largo de límites de placas convergentes implican movimientos físicos diferentes en la placa. El aumento gradual de una cadena montañosa debido a la colisión entre las placas convergentes puede implicar muchos terremotos con el paso del tiempo, mientras la menos densa de las dos placas se dobla hacia arriba, cerca del límite.

La subducción, la formación de fosas y la liberación violenta en un megaterremoto.

Una placa se subduce bajo otra debajo del océano y sobre el manto.

La subdución crea fosas y deforma la placa principal.

La placa principal se libera y vuelve a su lugar de un tirón creando un tsunami o un megaterremoto.

La subducción de la placa convergente puede ocasionar los terremotos más poderosos. Conocido como

Movimiento de un Tsunami

megaterremotos, se producen a lo largo de zanjas de subducción en el fondo del océano. En un megaterremoto, la placa principal se libera de la subducción de la placa debajo de ella y de un tirón vuelve a su posición original. Este impulso repentino del piso del océano envía una enorme cantidad de agua hacia la superficie del océano creando un tsunami.

El terremoto y el tsunami de marzo de 2011 en Japón mataron a unas 15,700 personas y dejaron a más 100,000 sin hogar. Esto ha generado dudas respecto a la colocación y la ingeniería de las instalaciones nucleares cercanas a los límites de la placa y las costas.

Durante el siglo pasado, los seis eventos sísmicos más poderosos de la Tierra fueron megaterremotos. El más reciente de estos eventos devastó la costa Este de Japón con un terremoto de magnitud 9.0 en marzo de 2011. No sólo destruyó edificios y derrumbó barrios enteros, sino que produjo un tsunami que envió una gigantesco muro de agua hacia la orilla del océano Pacífico. La fuerza del agua se llevó miles de coches, barcos, edificios y gente. El sismo dañó una planta de energía nuclear, dejando tras de sí al medioambiente en peligro mortal.

A pesar de que las tragedias en Japón y California están separadas por más de 5,000 millas (8,000 km) de océano, ambas son parte de lo que los geólogos llaman el Cinturón de fuego. El cinturón se refiere a un arco largo de 25,000 millas (40,000 km) de límites de placas que están casi en su totalidad bajo el océano Pacífico.

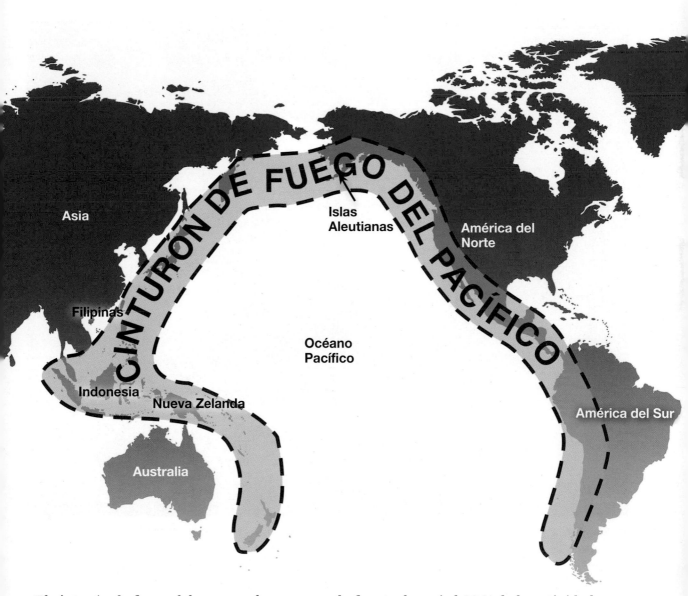

El cinturón de fuego debe su nombre a que es la fuente de casi el 90 % de la actividad sísmica en la Tierra.

Tres cuartas partes de los volcanes activos de la Tierra están en el Cinturón de fuego. Uno de estos, el Monte Santa Elena del estado de Washington, se erige sobre una zona de subducción donde la placa oceánica, relativamente pequeña, de Juan de Fuca, se introduce bajo la placa Norteamericana más grande. Es el sitio de la erupción volcánica más funesta de la historia norteamericana.

Monte Santa Elena

En la mañana del 18 de mayo de 1980, el lado norte completo de la montaña se deslizó literalmente, en lo que los geólogos creen es el deslizamiento más grande de la historia. El deslizamiento de tierra provocó una serie de erupciones volcánicas masivas que volaron los últimos 1,300 pies (396) metros de la cima de la montaña. La explosión mató a todo ser viviente en un área de 230 millas cuadradas (595 kilómetros cuadrados). Entre los muertos hubo 57 personas, 21 de las cuales nunca fueron encontrados.

Los dos eventos sísmicos en el ultimo siglo que mejor ilustran el poder abrumador de las fuerzas de las placas tectónicas son el megaterremoto que azotó Chile en 1960 y el terremoto de **falla de transformación** que azotó a Haití en 2010.

El terremoto de Chile de magnitud 9,5 se originó en una zona de subducción en la costa del Pacífico cerca de la pequeña ciudad de Valdivia. Aproximadamente 1600 personas murieron en Chile, pero la potencia del terremoto envió una ola tsunami a través del océano Pacífico lo suficientemente fuerte para matar a cientos más en Hawai, Filipinas y Japón.

El sismo de magnitud 7.0 de Haití, aunque mucho menos poderoso que el de Chile, fue mucho más mortal. Su centro estaba cerca de la grande y populosa ciudad de Puerto Príncipe. Según las estimaciones del gobierno, más de 300,000 personas murieron y más de un millón se quedaron sin hogar por el terremoto.

CAPÍTULO CINCO

LAS PERSONAS Y LAS PLACAS TECTÓNICAS

En la medida que la ciencia ha ayudado a la humanidad a comprender la naturaleza de las fuerzas en acción bajo la Tierra, la ocurrencia y la ferocidad de la violencia sísmica de la Tierra sigue siendo un misterio.

Predecir terremotos es difícil. Las predicciones imprecisas de posibles actividades sísmicas se denominan evaluaciones de riesgo. Estas se basan en los eventos sísmicos anteriores de un área, que solo son conocidas a lo largo de los últimos decenios. En términos de tiempo geológico, es como intentar predecir el resultado de un juego de fútbol basados solo en una o dos jugadas.

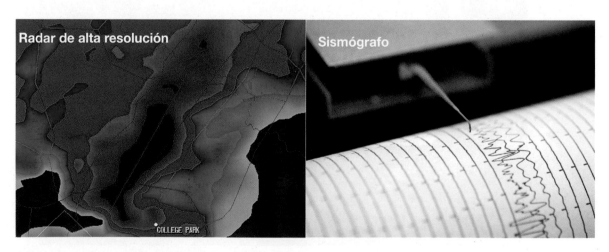

Mientras que la llegada de una tormenta eléctrica puede ser localizada en tiempo y lugar con bastante precisión, un terremoto no puede ser predicho basado en la tecnología y los conocimientos científicos actuales.

Reducir la pérdida de vidas en caso de terremoto puede tener más que ver con la ingeniería estructural que con la previsión real.

Las pruebas de vibración permiten que los investigadores puedan determinar los diseños y los tipos de construcción que pueden resistir los terremotos. Esta investigación es especialmente importante en las grandes ciudades con edificios altos.

PRUEBAS DE VIBRACIÓN

La Universidad de California en Berkeley es donde está el Centro de Investigaciones Ingenieriles Antiterremotos del Pacífico. Este centro está en la vanguardia de la ingeniería de estructuras sismorresistentes.

Como la comprensión general de los movimientos geológicos de las placas ha aumentado, también ha avanzado la ingeniería arquitectónica especializada que puede construir edificios y ciudades resistentes a los terremotos. Hoy en día, muchas de las estructuras más grandes de San Francisco han sufrido **rehabilitación** antisísmica con tirantes o piezas expandibles que acomoden el movimiento del suelo.

Los puentes y los túneles, junto con los pasos elevados y las líneas de trenes, pueden ser vulnerables a los terremotos. El puente sobre la bahía de San Francisco a Oakland sigue sometiéndose a rehabilitación sísmica para mantenerlo estable en caso de otro temblor.

Las estructuras en el área de San Francisco deben cumplir exigencias técnicas estrictas antes de que se puedan construir. Estas pautas están en vigencia en otras ciudades propensas a terremotos. Ayudan a asegurar que los edificios puedan resistir los efectos de un terremoto sin derrumbarse.

En 1989 un automovilista murió cuando un sismo de magnitud 6.9 azotó San Francisco, causando el colapso de una sección del puente de la bahía de Oakland y de una autopista cercana. El sismo también retrasó el partido de béisbol de la Serie Mundial entre los Gigantes de San Francisco y los Atléticos de Oakland.

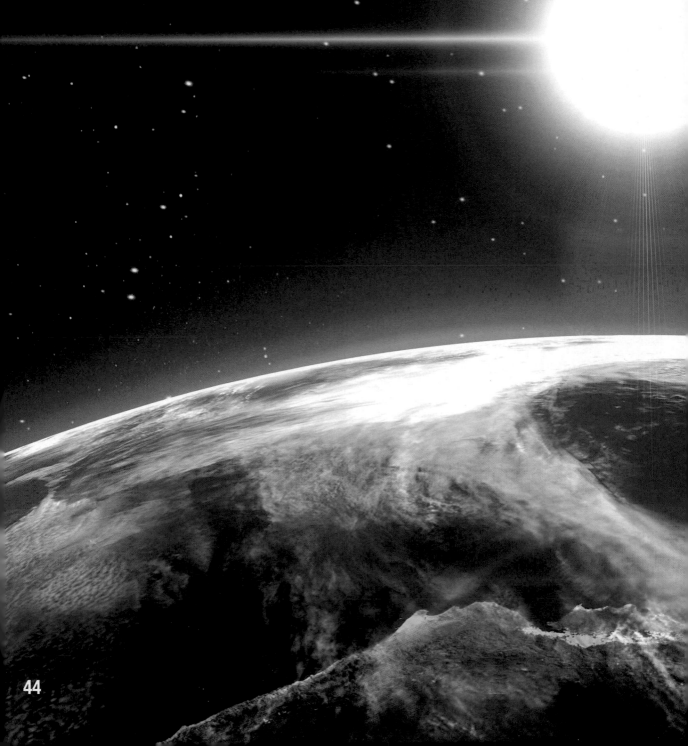

Sin un modelo claro para predecir la actividad sísmica de manera exacta, y con la ampliación demográfica de la Tierra, la gente seguirá viviendo con las amenazas planteadas por el movimiento de las placas tectónicas y las amenazas volcánicas que vienen de las profundidades de la Tierra.

Después de todo, debajo de la tierra que pisamos hay un inmenso calor, presión y un poder potencialmente mortal. La Tierra sigue siendo una anfitriona dinámica de las fuerzas geológicas que la ciencia moderna aún no ha comprendido. Esas mismas fuerzas, que conducen a la teoría de las placas tectónicas, son actuales pero antiguas, lentas pero explosivas, misteriosas pero actúan a plena vista.

Los científicos siguen estudiando el poder físico impresionante, que sacude constantemente la teoría de las placas tectónicas.

Glosario

astronómica: inmedible, de proporciones enormes

cataclísmica: cambio masivo destructivo

catástrofes: desastres súbitos y devastadores

convección: movimiento hacia arriba del calor en líquidos y gases

convergente: movimiento de uno hacia el otro, que se juntan

dinámica: cambiante, en movimiento hacia algo

divergente: moverse en sentidos opuestos

estacionario: que no se mueve, atrapado(a) en un lugar

expulsión: explosión forzada de algo fuera de algo

falla de transformación: deslizamiento a lo largo de los bordes entre dos placas tectónicas

grieta: rajadura, hueco o ranura a través de una capa de la corteza terrestre

megaterremoto: terremoto especialmente fuerte

paleontología: ciencia que estudia los fósiles y las formas
de vida antiguas

rehabilitación: añadir algo a una estructura después de construida

sismología: ciencia que estudia los terremotos y los movimientos
de las placas que forman la corteza terrestre

subducción: proceso tectónico en que una placa se desliza
bajo la otra

terremoto: movimiento súbito y violento de la Tierra

tsunamis: ola enormes y destructivas creadas por terremotos o
erupciones volcánicas submarinas

ÍNDICE

SITIOS DE LA INTENET

www.pubs.usgs.gov/gip/dynamic/dynamic.html

www.iris.edu/hq/programs/education_and_outreach/animations

www.science.nationalgeographic.com/science/earth/inside-the-earth

SOBRE EL AUTOR

Tom Greve vive en Chicago con su esposa Meg y sus dos hijos Madison y William. Él ha estado observando la geología y las placas tectónicas desde que era niño. Cuando tenía 11 años, en mayo de 1980, él escaló el silo de su padre para tratar de ver la nube de cenizas del Monte Santa Elena en el cielo occidental.

¡Pregúntale al autor!
www.rem4students.com